DATE DUE

LOS DISCOS DE MI ABUELA

ERIC VELASQUEZ

Traducido por Eida de la Vega

LECTORUM
PUBLICATIONS INC.

ISBN-13: 978-1-933032-18-4
ISBN-10: 1-933032-18-9

Library of Congress Cataloging-in-Publication Data is available.

Printed in Singapore 46
10 9 8 7 6 5 4 3 2

Para mi abuela Carmen Maldonado (1909–1983), esta canción es para ti.

T odos los años, en cuanto terminaban las clases, yo empacaba en una maleta mi ropa de verano, mis juguetes preferidos y un cuaderno de dibujo. Mi perra Daisy y yo nos mudábamos al apartamento de mi abuela en El Barrio. Como mis padres trabajaban, me pasaba el verano con ella.

Desde el momento en que
mis padres me dejaban allí
hasta el día en que me recogían,
abuela me envolvía en su
mundo de música.

A veces ella ponía un disco
y bailábamos juntos. En otras
ocasiones, bailaba sola y me
contaba cosas de su infancia
en Puerto Rico.

Cuando abuela ponía un merengue de la
República Dominicana, movía las caderas de
un lado a otro. Cuando sonaba su disco de
salsa favorito, me decía "escucha esa conga",
mientras batía las manos como golpeando
un tambor imaginario.

A mi abuela le gustaba toda clase de música. Pero entre sus discos, había uno en especial que la llenaba de emoción. Cuando lo ponía, se colocaba una mano sobre el corazón y cerraba los ojos mientras cantaba. En ocasiones, cuando terminaba la canción, se quedaba sentada en silencio, pensando en el abuelo y en los viejos tiempos en Santurce, su ciudad natal.

—A veces —decía abuela— una canción puede expresar todo lo que tu corazón siente, como si la hubieran escrito expresamente para ti.

Lo que más me gustaba era
cuando abuela me decía:
    —Hoy te toca a ti escoger los
discos.
    Cualquier disco que yo eligiera,
abuela decía:
    —Siempre me gusta lo que
seleccionas.

A veces, yo escogía la canción de abuela, sólo para
verla ponerse la mano sobre el corazón y cantar.
Y ella siempre preguntaba:
—¿Pero cómo lo sabes?

Si hacía mucho calor en la calle, me pasaba las horas mirando las portadas de los discos de abuela. Elegía las que más me gustaban y las dibujaba en mi cuaderno. Mientras dibujaba, las portadas cobraban vida y las orquestas tocaban en la sala de abuela.

Abuela nunca iba a los cabarets a ver sus orquestas favoritas.
Se contentaba con quedarse en casa conmigo y oír sus viejos discos.
Pero Santurce era cuna de cientos de músicos, y ella conocía a muchos
de los que habían participado en las grabaciones.

Sammy, un sobrino de abuela, tocaba la percusión en la orquesta de Rafael Cortijo, la mejor de Puerto Rico. Un día, cuando la orquesta estaba en Nueva York, Sammy trajo de visita a Cortijo y al cantante Ismael Rivera. Fue una verdadera sorpresa. Cuando viajaban, no tenían muchas ocasiones de comer comida casera y aprovecharon para saborear el famoso arroz con gandules de abuela.

Después del postre, Sammy le dio otra sorpresa a abuela: dos entradas para el primer concierto de la orquesta en Nueva York y un ejemplar de su nuevo disco que todavía no había llegado a las tiendas. Corrí hasta el tocadiscos, emocionado porque iba a ser la primera persona en Nueva York que iba a escucharlo.

Al día siguiente, abuela y yo fuimos a comprarnos
ropa para ir al concierto.

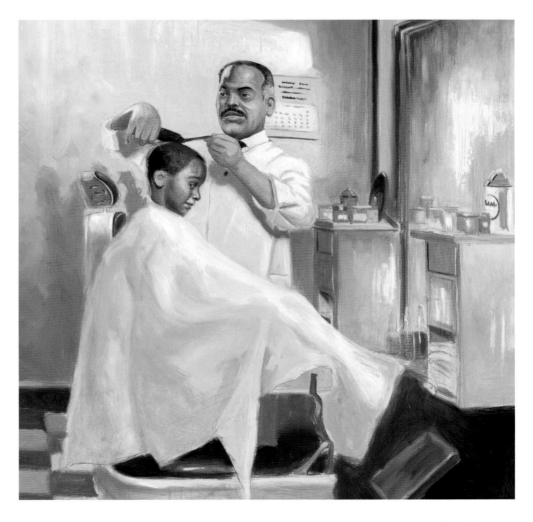

Hasta me llevó a la barbería a que me cortaran el pelo.

El teatro estaba en el Bronx. Fuimos en metro; abuela estuvo nerviosa durante todo el trayecto. Cuando llegamos, no tuvimos que hacer cola porque teníamos unas entradas especiales. El teatro era más grande que cualquiera de las salas de cine que yo conocía.

La orquesta hizo una entrada espectacular. De repente, la sala se quedó a oscuras, brillaron unas lucecitas y se oyó el sonido de una sirena. Oí que abuela decía: "¡Ay, Dios mío!". Ella pensó que ocurría algo. El escenario, a oscuras, se llenó de gente que parecía correr de un lado para otro. Luego, se apagaron todas las luces, y se escuchó el marcado y agudo ritmo de una conga BUM BAK BUM BAK BUM BAK. De pronto, se encendieron las luces, se escuchó un fuerte BUM y la orquesta empezó a tocar "El bombón de Elena".

Abuela y yo nos sorprendimos al oír lo diferente que sonaba la música en vivo. Los músicos lograban que las canciones conocidas parecieran otras, añadiéndoles nuevas letras y frases musicales. Antes de comenzar el último número, Ismael dijo: " Esta canción es para Carmen" y se dirigió a abuela, mientras cantaba. La miré y vi que se ponía la mano sobre el corazón, levantaba la otra y, con los ojos cerrados, empezaba a cantar en voz baja. ¡Ismael le estaba cantando a mi abuela! Entonces, miré a mi alrededor y me di cuenta de que todos en el teatro se habían puesto una mano sobre el corazón.

Cuando terminó la función, fuimos a los camerinos. Le pregunté a Ismael cómo sabía que ésa era la canción preferida de mi abuela. Me explicó que esa canción habla de los que se mudan a un país lejano dejando atrás a sus seres queridos.

Las personas se ponían una mano sobre el corazón para mostrar que aunque estuvieran lejos, sus corazones se hallaban en Puerto Rico. Ahora yo comprendía por qué la canción de abuela significaba tanto para tanta gente.

Después de esa noche, abuela y yo solíamos divertirnos montando nuestro propio espectáculo, en el cual imitábamos a la orquesta de Cortijo. Abuela hubiese querido que se hubiese hecho un disco con ese concierto para poder oírlo una y otra vez. Pero incluso entonces, yo sabía que un concierto es algo único porque te queda grabado en la memoria como un momento mágico.

Ya de adulto, le llevaba mis discos a abuela para escuchar música con ella: música brasileña, jazz e incluso rap. A ella le gustaba todo.

Aun ahora, cuando escucho un disco compacto en mi estudio, imagino que estoy en la sala de mi abuela y que se vuelve hacia mí y me dice: —Hoy te toca a ti escoger los discos. Siempre me gusta lo que seleccionas. Y mientras trabajo, me envuelve la canción de mi abuela.

La canción de mi abuela

"En mi Viejo San Juan", por Noel Estrada

En mi Viejo San Juan, cuántos sueños forjé en mis años de infancia.

Mi primera ilusión y mis cuitas de amor son recuerdos del alma.

Una tarde partí hacia extraña nación pues lo quiso el destino,

pero mi corazón se quedó frente al mar, en mi Viejo San Juan.

Adiós, Borinquen querida, adiós mi perla del mar.

Me voy, pero un día volveré, a buscar mi querer, a soñar otra vez,

en mi Viejo San Juan.

Pero el tiempo pasó y el destino burló mi terrible nostalgia.

Y no pude volver al San Juan que yo amé, pedacito de patria.

Mi cabello blanqueó, ya mi vida se va, ya la muerte me llama,

y no quiero morir alejado de ti, Puerto Rico del alma.

♫ 💿 ♪

Acerca de Rafael Cortijo, Ismael Rivera y Sammy Ayala

Rafael Cortijo fue a la bomba y a la plena lo que Duke Ellington al jazz. La bomba y la plena es el nombre de la música tradicional de Puerto Rico. La bomba tiene fuertes raíces en los ritmos de los tambores africanos y la plena es una combinación de sonidos españoles y africanos.

Rafael Cortijo comenzó su carrera tocando conga y luego cambió a los timbales. Cortijo formó su combo a principios de la década de 1950, una época en que los músicos puertorriqueños imitaban los populares sonidos de la música cubana. Cortijo y su combo tenían un sonido netamente puertorriqueño y con él alcanzaron la cima del éxito. Tocaron juntos durante diez años y tuvieron mucho éxito como los compositores, arreglistas e intérpretes más populares de bomba y plena.

Cortijo murió en Nueva York en 1983.

Ismael Rivera, el cantante de la orquesta, era conocido como "El sonero mayor". Con su voz ronca y su forma de improvisar, estableció una nueva norma de maestría musical. Después de dejar el combo, formó su propia orquesta, "Los Cachimbos", y tuvo mucho éxito. Murió en Puerto Rico en 1987.

En 1988 se inauguró en San Juan el Parque de los Salseros para honrar a estos dos músicos.

Sammy Ayala era el percusionista de la orquesta. También hacía el coro característico de llamada y respuesta, que distingue a la bomba y a la plena. Sammy también fue compositor. Se mantiene activo en el ámbito musical de Puerto Rico.